# THÉODORE AUBANEL

LÉOPOLD BERNARD
PROFESSEUR DE PHILOSOPHIE AU LYCÉE DE MONTPELLIER

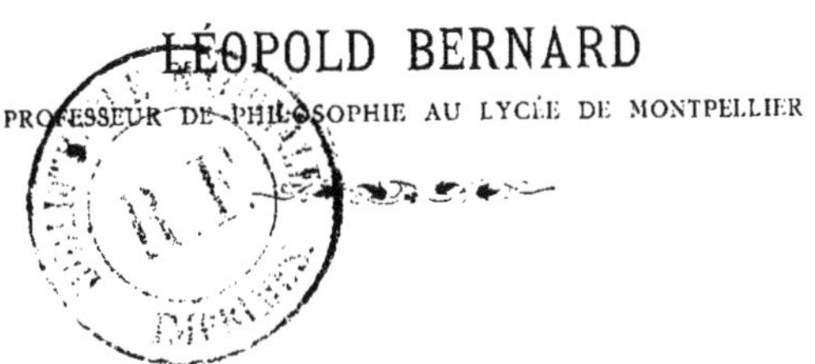

# THÉODORE AUBANEL

## CONFÉRENCE

FAITE

A L'ASSOCIATION GÉNÉRALE DES ÉTUDIANTS

*LE MERCREDI 18 MARS 1891*

AVIGNON
AUBANEL FRÈRES, LIBRAIRES-ÉDITEURS
PLACE SAINT-PIERRE, 9

MDCCCXCI

# Théodore Aubanel

Messieurs les Etudiants,

Ce n'est pas à moi que revenait l'honneur d'ouvrir la série des conférences générales que votre Comité se propose de vous offrir. Un de vos maîtres les plus écoutés et les plus aimés vous avait promis, avant moi, une conférence ; il devait vous entretenir des Universités scandinaves, et, certes, vous étiez en droit d'espérer que, le premier, il ferait applaudir ici sa parole si chaude, si vibrante. Ses multiples occupations l'ont forcé de vous demander un sursis et de me céder son tour de parole : personne, croyez-le bien, ne le regrette plus que moi, car je sens trop tout ce que vous perdez à ne pas l'entendre ce soir, et, je n'ose me flatter de vous dédommager de cette déception.

Ne m'en veuillez donc pas si j'occupe ici la place qu'il aurait dû tenir ; j'ai besoin de me savoir assuré de toute votre indulgence pour surmonter l'embarras que j'éprouve à passer avant lui. Ne voyez dans mon empressement, peut-être intempestif, à vous parler de Théodore Aubanel, qu'une marque du profond intérêt que je porte à votre jeune Association.

Je suis très reconnaissant à votre Comité et à son dévoué président de m'avoir fourni l'occasion de vous en apporter ici le public témoignage et je les prie d'agréer tous mes remerciements.

Quant au choix de mon sujet, je ne pense pas avoir à le justifier. Non seulement Aubanel n'est pas un inconnu parmi vous : mais il compte dans vos rangs de nombreux et fervents admirateurs. Dès l'année dernière, plusieurs d'entre vous, nouvellement initiés au culte de la Muse provençale, se sont formés en Conférence sous le patronage de l'immortel auteur de la *Miougrano*. Ils ne pouvaient choisir dans le ciel de la poésie méridionale, plus généreux et plus brillant patron. Le nom d'Aubanel signifie tout à la fois : jeunesse éternelle de cœur, amour de la beauté, du pays natal, de la langue maternelle, en un mot, de tout ce qui est de votre âge et de tout ce qui vous tient le plus au cœur. Donc, je ne me flatte pas de vous révéler Aubanel, mais tout au plus de vous apporter quelques raisons de le priser et de l'aimer encore davantage.

J'ajouterai que si la gloire d'Aubanel appartient plus particulièrement à la vieille Cité des Papes qui l'a vu naître, qui a su le garder et qui l'a vu mourir, il en rejaillit bien aussi quelques rayons sur Montpellier. C'est ici qu'il était venu chercher deux de ses plus chers amis, M. Roumieux et M. Antonin Glaize, dont les noms sont désormais, pour ainsi dire, inséparables du sien ; c'est ici qu'il a connu pour la première fois les délicieuses émotions de l'auteur dramatique applaudi et fêté du public; enfin, il aimait notre ville, y venait toujours avec un nouveau plaisir, et suivait avec intérêt tout ce que félibres et érudits tentaient pour la grande cause de la renaissance des dialectes méridionaux.

A tous ces titres, j'ai pensé que la physionomie d'Aubanel pouvait éveiller votre curiosité et retenir quelques instants votre bienveillante attention.

## I

De 1819 à 1830, la Providence traîta les Provençaux en enfants gâtés. En 1819 elle suscita Roumanille, en 1829 elle leur donna Aubanel, et en 1830 elle fit naître Mistral. Toute la lyre à la fois ! Les quatre vents du ciel allaient tour à tour souffler sur la poétique patrie du roi René le rire joyeux de Cascarelet, les brûlantes effusions du poète de la *Miougrano* et les divines harmonies du chantre de *Mireio*.

Ces dix années ne furent pas moins fécondes et bénies pour la petite patrie provençale que pour la grande patrie française. C'était le moment où la littérature nationale se préparait sourdement à la mue romantique ; ce fut aussi le temps où la belle au bois dormant, je veux dire la langue des troubadours, secoua son sommeil plusieurs fois séculaire et se réveilla enfin à la vie littéraire.

Après Roumanille et Mistral, personne ne fit plus que Théodore Aubanel pour la tirer de sa léthargie. De sa baguette magique, il toucha les lèvres de la belle endormie, et de nouveau la douce musique des vers coula de sa bouche.

A parler sans métaphore et avec plus de rigueur, le provençal n'était pas précisément mort ni même engourdi ; mais il menait une vie misérable et languissante. Ce n'était plus qu'un patois méprisé, peu à peu dépossédé de tous les genres littéraires où longtemps il avait exercé une souveraine maîtrise. Aubanel, avec toute la phalange des modernes félibres, devait bientôt tirer Cendrillon de sa souillarde, et la conduire, superbement parée, dans le palais du prince Charmant.

Ce que fut *l'homme* qui contribua pour une si large part à cette brillante métamorphose, *par quelles œuvres supérieures* il donna à sa langue maternelle un renouveau de jeunesse ; comment enfin il lança sur la scène, tout frémissant de passion, *le Drame Provençal*, c'est ce que je voudrais vous dire.

On pourrait appliquer à l'œuvre tout entière d'Aubanel ce qu'il a écrit de son drame inédit : *Lou Pastre :*

Moun drame es simplamen uno obro de naturo.

Une œuvre de nature ! Voilà bien, en effet, la caractéristique de sa poésie. — Ce qui n'empêche pas, ou plutôt c'est cela même qui fait que cette œuvre de nature se trouve être du même coup une œuvre d'art consommé. Je n'en sais pas où la personnalité de l'homme transparaisse mieux à travers le talent de l'artiste, — j'en sais de plus hautes et de plus profondes ; je n'en sais pas de plus sincère, de plus loyale, de plus vibrante, de plus vécue. Pour l'apprécier à sa juste valeur, il n'est pas mauvais de s'être bercé parfois à la savante mais froide musique des Parnassiens, ou de s'être cassé la tête sur les chinoiseries raffinées des décadents du jour. On sent mieux alors toute la distance d'un rimailleur à un poète. Chez Aubanel, l'art n'est jamais que l'épanouissement le plus complet d'une riche nature.

En cherchant bien, on trouvera peut-être dans toute l'œuvre d'Aubanel trois ou quatre pièces où il a forcé la nature, c'est-à-dire la vérité. Pour ma part, je signalerai la XVIme pièce de la *Miougrano :*

Ah ! ma plago es grando et lou mau es foun !

Elle ne me plaît pas : elle n'est pas exempte d'affectation et d'emphase déclamatoire.

L'adjuration aux *blessés de l'amour :*

Intras dins moun cor...

est bizarre, peu naturelle, et encore moins gracieuse. Mais il y a des taches dans le soleil : il faut seulement les lunettes d'un astronome pour les apercevoir. — Partout ailleurs, la poésie d'Aubanel est la loyauté même. Il n'a jamais vu dans la poésie un métier, un gagne-pain. C'est pour lui une religion dont les poètes sont les prêtres, et pour rien au monde il n'eût consenti à ravaler ce saint ministère jusqu'à en faire une jonglerie. Il a senti tout ce qu'il a chanté : le délicieux émoi d'un cœur et d'un corps vierges qui s'éveillent à l'amour, ses respectueuses tendresses, les sursauts de l'espérance, les angoisses déchirantes du doute, les amertumes de l'abandon, les regrets lancinants, les révoltes qui se fondent en une morne résignation, il a senti tout cela ; — il a senti opérer en lui le philtre ensorcelant de la Beauté qui se soumet les cœurs ; il a connu les ravissements de l'enthousiasme, les sublimes envolées vers l'idéal ; puis, les heures mauvaises où l'on retombe à plat, meurtri, de toute la hauteur de ses rêves ; — sous la violente poussée d'un sang chaud, il a parfois senti s'allumer en lui la flamme des désirs pervers ; et son vers dit tout cela, sans fausse pudeur, crûment, trop crûment parfois, au gré des Pharisiens.

Enfin, si ses vers nous renvoient souvent la lumière aveuglante d'un ciel de feu, ou les mugissantes rafales du mistral, ou les sauvages parfums de la garrigue, c'est qu'il avait au cœur un immense amour de la patrie provençale ; c'est que personne mieux que lui n'a compris et goûté la beauté de ses femmes et de son ciel. Encore une fois, son œuvre est bien *une œuvre de nature*. D'aucun auteur le mot de Buffon n'est plus vrai : son style, c'est l'homme même.

Vous ne trouverez donc pas mauvais que l'homme nous retienne quelques instants.

M. Paul Arène, qui a vécu dans l'intimité d'Aubanel, a écrit : « La vie d'Aubanel explique son œuvre : c'est » peut-être pour cela qu'il est poète incomparable. » — J'aimerais mieux dire : Le caractère d'Aubanel explique son œuvre. Sa vie, si on entend par là les évènements de son existence, explique la *Miougrano*, au moins en partie, je le reconnais ; elle ne rend pas compte des *Filles d'Avignon*, de son théâtre, ni même dans la *Miougrano*, de la plupart des pièces de l'*Entre-Lueur*, ni du *Livre de la Mort*. Sans aucun document biographique, il serait facile de ressaisir ce qui, en somme, nous importe le plus : sa physionomie morale ; — il serait beaucoup plus difficile, pour ne pas dire impossible, de reconstituer l'histoire de sa vie.

Je n'ai pas eu la bonne fortune de connaître Aubanel, mais j'ai eu sous les yeux deux portraits de lui que l'on m'a dits très ressemblants.

L'ensemble de sa physionomie est puissant et sympathique. Tout son visage respire la loyauté et l'intelligence. Ce qui frappe tout d'abord, c'est la largeur du front, proéminent, très bombé ; c'est la dimension exceptionnelle de la boîte crânienne, dont on saisit très nettement la suture frontale. Une calvitie avancée accentue encore davantage le développement de ce crâne énorme qu'on dirait sur le point d'éclater sous le bouillonnement intérieur de la pensée. M. Paul Arène aimait, paraît-il, à le comparer à celui de Confucius sur le sommet duquel, au dire des Chinois, on pouvait verser deux tasses de thé sans en répandre une seule goutte.

L'arcade des sourcils est régulière et vigoureusement dessinée : le regard profond semble perdu dans quelque mélancolique rêverie ; au naturel, il devait avoir plus de rayonnement, plus de flamme : mais comment demander au portrait et surtout à la photographie de rendre tout cela ? Le nez est camus, fortement épâté, ce qui donne à sa physionomie une vague ressemblance avec celle de Socrate. Le bas du visage, le trait de la bouche, le menton, disparaissent sous une barbe rude, taillée court, en éventail, et qui va rejoindre une maigre couronne de cheveux. Il était petit de taille, d'une forte carrure et d'une grande vivacité d'allure. L'ensemble de sa personne donnait, paraît-il, l'impression d'un tempérament sanguin et apoplectique. Sa voix était chaude, sonore, et parfois quand il disait quelqu'une de ses compositions préférées, comme la *Vénus d'Avignon* ou la *Vénus d'Arles*, toute vibrante de passion.

Le masque a beau être expressif, il ne rend jamais qu'imparfaitement la nature morale d'un homme. Quelqu'un qui n'aurait pas lu Aubanel aurait pu passer à côté de ce petit homme dans la rue, sans soupçonner en lui une des plus riches natures de poète que notre siècle ait produites.

C'était une âme de feu : il y avait en lui une intensité, une exubérance de vie vraiment extraordinaires. Malgré les années, il a su, jusqu'à sa dernière heure, conserver la fraîcheur de l'imagination et la jeunesse du cœur. On peut dire qu'il n'a eu qu'une passion : celle de la Beauté, mais elle était fortement chevillée dans son âme. Je crois bien qu'à y regarder de près il n'a pas eu non plus d'autre religion et d'autre philosophie. S'il eût raisonné ses sentiments et ses croyances, et s'il les eût formulées en philosophe, ce à quoi, fort heureusement, il n'a jamais songé, j'imagine qu'il eût posé en principe que cela seul a le droit de vivre qui est beau.

> Oh ! senso la beuta, de que sarié lou mounde !
> Luse tout ço qu'es bèu, tout ço qu'es laid s'escounde !

Je ne suis pas sûr qu'il ait jamais nettement distingué entre le bien et le beau. Il était Grec à ce point de vue. Pour lui, comme pour les concitoyens d'Alcibiade, l'homme de bien était l'homme à la fois beau et bon : καλοκαγαθος. Autant la beauté l'enthousiasmait, autant la laideur le faisait souffrir. Le vice choquait peut-être plus encore son sens esthétique que son sens moral. Pour mieux dire, sens esthétique et sens moral ne faisaient qu'un chez lui. Le vice est haïssable à ses yeux, surtout parce qu'il est une difformité. — La beauté est un régal pour les yeux ; c'est un ravissement pour l'imagination ; c'est un baume pour toutes les blessures de la vie. Elle a de quoi nous consoler des plus cruelles épreuves :

En paupant d'uno man soun pitre senso cor,
De l'autre as caressa la beuta puro, amor
Que de tout la Beuta nous semblo lou remèdi.
(*Li Filho d'Avignoun. La Coumedi de la Mort.*)

Aussi, il faut voir de quelle indignation il se sent soulevé à la seule idée des souillures dont on salit la beauté. Profaner la beauté d'une vierge, il n'est pas sous le ciel de crime plus révoltant. Il fait pleurer les anges.

Écoutez ! La nuit est venue : l'œuvre du mal va commencer. Dans les ténèbres :

« Les loups sortent de leurs tanières, d'une horrible » faim baillant; malheur aux agneaux ! Les matrones » conduisent les vierges au rufien.

» Belles vierges fraîches et nues, chair toute neuve, » corps si lisse ! D'elles, quand le mâle s'amuse, les » anges pleurent au paradis. »

(*Filles d'Avignon, Soleil couchant*, p. 45.)

Sa foi est celle du Charbonnier; son Dieu est le Dieu des simples. Mais il y voit aussi le principe de toute lumière, la source de toute beauté. Toute chose belle est comme un rayon de la gloire de Dieu. Et c'est pourquoi la beauté est sainte : elle a le droit de briller sans aucun voile, dans toute sa divine nudité :

> Fai veire ti bras nus, toun sen nus, ti flanc nus,
> Mostro te touto nuso, ô divino Venus !
> *(Li Filho d'Avignoun. La Vénus d'Arles.)*

Mais il n'est pas donné à l'homme d'apercevoir la Beauté souveraine. Nous ne sommes pas de purs esprits : nous sommes à la fois âme et corps. C'est par les yeux du corps que la beauté doit se révéler à nous ; et de toutes les formes qu'elle peut revêtir, il n'en est pas de plus admirable qu'un beau corps de femme.

La femme est pour Aubanel le chef-d'œuvre de Dieu. Elle le remue jusqu'au fond de l'âme : elle le subjugue tout entier. Il ne la regarde pas seulement des yeux de l'artiste : ses yeux la boivent avidement, à longs traits, en amoureux. S'il rencontre une jolie femme dans la rue, il faut qu'il la suive, sans penser à mal du reste, uniquement pour ressentir le trouble délicieux d'une admiration aiguisée d'une pointe de désir, — uniquement pour enfoncer plus avant dans son souvenir la vision enchanteresse. *Une Vénitienne* est l'inoubliable récit d'une de ces innocentes poursuites :

« Depuis le soir où je l'ai vue, mon cœur brûle et » mon âme est triste.....

» Ses traits souriants et mélancoliques, tenaient

» de l'Ange et du Démon ; on ne pouvait voir le fond » de ses yeux profonds comme l'onde ; elle était » blanche et pâle, elle était blonde, mais comme à » Venise elles le sont.

» Blonde comme le scintillement de topaze, comme » le nimbe d'un saint en extase et les derniers rayons » du jour, quand le soleil ferme les cils, secouant » l'or de sa dépouille devant Saint-Georges-le- » Majeur.

» On voyait le nu, malgré la robe qui, sous les » plis mouvants, dérobe sa beauté suprême ; on » voyait son corps pur, qui avait l'harmonie d'une » déesse ionienne, d'une statue de Phidias.

» Comme s'enfle la mer, se gonflait, hardie, sa » poitrine ; *plein de désir et de respect*, l'œil caressait » sa belle hanche, vous auriez baisé ses mains » blanches et embrassé ses petits pieds.

» Sa beauté qui m'égare, tout le long de *la* » *Mercerie* je l'ai suivie comme un fou ; laissant un » rayon de lumière, elle perçait fière dans la foule » et ne semblait pas toucher le sol.

» Je me sentais pris d'ensorcellement ! Son » indolente allure avait la grâce souple du serpent. » Ah ! pour peu que durât le chemin, c'était un » enfant à vous conduire au paradis ou en enfer.

...............................................

» Ainsi, jusqu'au pont du Rialto nous marchâmes. » Elle s'arrête ; j'allais l'atteindre ! Et voilà que la » petite fée hêle un rameur, et sans amoureux, sans » sa mère, vite elle s'embarque, et je reste coi ! »

(*Les Filles d'Avignon*, 290-299.)

Il est un vers de cette délicieuse composition qui est topique : il caractérise bien le sentiment qui oppressait Aubanel à la vue d'une femme belle : *Plein de désir et de respect!* — Voilà l'homme! C'est bien ainsi que l'ont connu tous ses amis. Avec une nature volcanique, sa vie privée fut toujours, en somme, d'une irréprochable dignité. Il n'y a pas de poète, peut-être qui nous ait laissé des peintures plus brillantes de l'amour; au fond, il n'en est pas de plus chaste.

Bonaparte-Wyse l'appelle : « le chaste Aubanel, » belle âme, plus blanche que neige. »

Em'aquelo amo bello,
Mai que nèu blanquinello,
. . . . . . . . . . .
Lou caste Aubanèu.
(*Li Parpaioun Blu.* Retournarai, p. 4.)

On pourrait lui appliquer presque trait pour trait ce qu'il a dit d'un peintre fleuriste de ses amis :

C'est une âme d'enfant douce comme les fleurs.
. . . . . . . . . . . . . . . . . . . . . .
C'est un cœur noble et fier, tendre comme l'amour ;
Il ne rêve que le beau, et sa pure pensée
Songe aux jeunes filles, à leurs belles couleurs,
D'une amie, il voudrait les frais embrassements ;
Comme leur parlent, muets, ses yeux mouillés de pleurs!
Quelle tendresse infinie en son cœur étouffée !
(*Les Filles d'Avignon.* — A un peintre fleuriste, p. 174.)

L'Amour tel qu'il le comprend et le rêve, n'a rien des manèges d'une froide galanterie ; il est fils de Vénus, c'est-à-dire de la Beauté. — Pour se soumettre les âmes, il faut d'abord qu'il ravisse les yeux, C'est un sentiment tout puissant, qui ne souffre pas de partage, c'est une exaltation de l'être tout entier, une fièvre des sens, une extase de l'âme, un don complet et réciproque de deux personnes qui ne vivent plus que l'une pour l'autre et l'une dans l'autre ; en un mot, c'est la satisfaction la plus complète de tous les instincts de notre nature, et c'est pourquoi il n'est rien qui le vaille.

« La gloire est vaine, et il n'est que l'amour, quand
» tout s'écroule, qui échappe à la brume.
» Il est meilleur d'être aimé que d'être illustre :
» l'amour est un laurier qui n'a pas son pareil. »

(*Filles d'Avignon :* Les Noces de Mistral.)

Il n'y a qu'un bonheur ici-bas, c'est celui d'aimer et de donner la vie dans une étreinte d'amour. Toute sa philosophie du bonheur tient dans les quatre vers sur lesquels se termine le bel épithalame des *Deux Printemps*, écrit pour le mariage de son frère Jules :

« O délices nuptiales ! avoir le comble de l'amour,
» boire la vie en un baiser, dans deux bras jeunes et
» frais tenir en plein le monde en rêvant un enfant ! »

L'amour est, à ses yeux, le vœu de la nature, la loi même de Dieu. En lui-même, il est bon et saint. Il est dans la règle ; mais il faut aussi qu'il se soumette à une règle. Le mariage est une chose auguste, parce qu'il place l'amour sous les auspices de la religion et sous l'égide de la loi. C'est un engagement d'honneur qu'un homme et une femme prennent de s'aimer mutuellement ; et une fois ce serment librement échangé, il faut le tenir coûte que coûte. L'honneur n'est au-dessus de l'amour que parce qu'il en fait la dignité.

Les taches de l'honneur sont ineffaçables.

Dans le *Pain du Péché*, Fanette ne cesse pas, jusque dans sa chute, de nous être sympathique : la sincérité, la vaillance de sa tendresse pour Véranet, la sauvent de nos mépris. Mais elle a failli à l'honneur : cela suffit. Son crime doit être expié !

Aubanel est précisément un exemple de ce que peuvent de pieuses croyances et une forte volonté pour réprimer les écarts de la passion. Nous avons déjà dit qu'il avait un tempérament de feu, un sang bouillant. C'était la passion faite homme. Et pourtant, en toutes choses, il sut régler sa fougue naturelle.

La poésie de l'artiste est, à cet égard, en parfaite harmonie avec la vie de l'homme privé. Etant donnée cette violence de passion qui le caractérise, on s'attendrait, en le lisant, à quelque chose de saccadé, et, pour ainsi dire, de capricant ; — des cris, des sanglots, des élans, — toutes choses qui s'accommodent mal des gênes de la grammaire, des entraves de la prosodie et des exigences du goût. — Au lieu de cela, il s'assujettit sans effort apparent aux lois du rythme et de la rime. La phrase est pleine, sonore, harmonieuse ; elle se développe avec une ampleur admirable ; sa langue est saine, pleine de sève et de saveur, et pourtant elle reste toujours classique. Les plus délicats y trouveraient rarement à reprendre. Son coloris éclatant ne sert qu'à faire ressortir davantage la fermeté du dessin, qui est, suivant les sujets, d'une précision ou d'une délicatesse de traits étonnants.

En un mot, sa passion est naturellement artiste ; quand l'inspiration le transporte, elle se déploie en belles strophes harmonieuses, d'une exécution impeccable. J'ai souvent pensé, en le lisant, au dieu des stoïciens, à ce feu artiste qui procède avec ordre et mesure à la génération des choses.

πῦρ τεχνικὸν ὁδῷ βαδίζον εἰς τὴν γένεσιν τῶν ὄντων.

Un feu artiste ! — C'est bien là, si je ne me trompe, la formule du talent d'Aubanel.

Artiste, il l'était jusqu'à la moëlle ; mais la sincérité de l'émotion l'a sauvé de la recette. S'il lui arrive, ce qui est rare, de sacrifier au procédé, il le rajeunit alors par la vigueur de l'expression et par les effets poétiques qu'il en tire. On peut voir par la *Chanson de Noce*, avec quel art il sait amener un gai refrain ; — par la *Vénus d'Avignon*, comme il sait user de la répétition pour rendre le crescendo haletant d'un désir amoureux ; par le *Chien de Saint Joseph*, comme il s'entend à produire la terreur par le retour, à la fin de chaque couplet, de cet aboiement sinistre qui gèle les moëlles. Ainsi compris et pratiqué, le procédé est encore de l'art et du grand art.

Avec l'*Amour du Beau* et *de la Femme*, il avait encore au cœur une ardente affection pour la Provence, sentiment qui allait se perdre dans une tendresse passionnée pour la grande patrie française. Il aimait la Provence dans son passé glorieux ; il trouvait dans son présent de quoi la chérir avec orgueil, et il rêvait encore pour elle, dans l'avenir, de brillantes destinées.

C'est à ce triple amour que s'allumèrent les flamboiements de sa poésie. Mais, au fond, c'était toujours la Beauté qui était l'objet de son culte. Il adorait son pays natal, d'abord, cela va sans dire, parce qu'il était son pays natal (cette raison, à la rigueur, dispense de toutes les autres), mais aussi parce qu'il lui paraissait beau entre tous. Chauvinisme, si l'on veut ! Mais chauvinisme touchant et bien excusable après tout, si l'on songe que tant d'étrangers paraissent partager cette flatteuse opinion. — Ne viennent-ils pas en foule, de tous les points du monde, chercher sur ses plages parfumées et ensoleillées, la santé et le plaisir !

Il ne peut parler de son ciel, de son soleil, de son terroir, de la fière beauté de ses femmes, des grâces viriles de sa langue, sans monter aussitôt au ton du dithyrambe :

« O Provence, ma mère tant de jeunes filles et de
» fleurs, tant de joie et d'amour, ne se trouvent que
» sur ton sol !

..............................................

» Les autres contrées n'ont pas notre soleil, notre
» ciel bleu si beau, nos douces vêprées.

» Elles n'ont pas nos nuits claires, nos étoiles d'or ;
» elles n'ont pas notre bon cœur et notre belle mine.

» Pour attraper la cigale, ils n'ont pas notre bon
» vin ; ils n'ont pas la taille fine de nos Provençales.

» Là, il n'y a pas à dire non ; les jeunes filles,
» nulle autre part, n'ont cette aimable allure, n'ont
» le rire si franc.

» Elles ne sont pas si folâtres avec leurs amoureux ;
» elles n'ont pas baisers si doux ni bouche si jolie ! »

Rien qu'avec les pièces où il a chanté les beautés de sa chère Provence, on pourrait composer une plaquette de prix. Dans cette Anthologie, il faudrait mettre : *Soirée à Trinquetaille*, *la Chanson des Félibres*, *En Arles ; — Les Fourmis*, *les Noces de Mistral*, *la Jeune Fille du Barroux*, *Vaucluse*, l'admirable sonnet du *Ventoux*, et, bien entendu, à la place d'honneur, les deux Vénus, celle d'Avignon, et surtout celle d'Arles.

On peut juger, par tout ce qui précède, que l'idée félibresque répondait aux plus intimes aspirations d'Aubanel. Elle ne pouvait pas tomber sur une âme mieux préparée à l'accueillir, à la répandre, et aussi à la faire triompher. Elle donnait un corps à tout ce qui s'agitait en lui de sentiments généreux. Dès la première heure, il s'en déclara l'apôtre enthousiaste. Roumanille, l'initiateur du félibrige, ne dut pas avoir besoin de se mettre en grands frais d'éloquence pour le convertir à *la cause*. Il collabora aux *Provençales* et aux *Noëls*, et du premier coup il se releva grand poëte. Si on ne savait que, pour les poètes surtout,

La valeur n'attend pas le nombre des années,

on se demanderait avec étonnement comment un jeune homme de 23 ans a pu écrire *Le Neuf Thermidor* et la puissante trilogie des *Innocents*. Il fut du nombre des sept félibres qui fondèrent le félibrige à Font-Segugne (1855) et décidèrent la publication annuelle de l'*Almanach Provençal*.

Comme Aubanel devait l'expliquer plus tard aux Jeux floraux de Forcalquier, le triomphe venu ou tout au moins près de sonner, il s'agissait de réveiller dans les cœurs l'amour de la vieille langue provençale, de la relever de sa longue abjection, de refaire, d'un patois dédaigné, une langue littéraire bien vivante ; — en un mot, de condenser dans l'amour de la langue, l'amour du sol natal, des anciennes coutumes, des antiques croyances, et tout cela, sans porter atteinte à l'unité de la Patrie :

« Nous la maintiendrons, s'écriait-il, la seule langue » qui dise comme nous voulons, comme il nous » point au cœur nos amours et nos haines, nos

» tendresses et nos colères, la beauté de nos filles » et la fierté de nos jouvenceaux. »

Dans le discours du 28 Janvier 1877, prononcé à Aix devant l'Assemblée générale de la Maintenance de Provence, il parle avec un peu d'emphase méridionale de « Son seul amour, de son amour » ardent, débordant de la patrie provençale. »

Puis, après avoir retracé en quelques mots les conquêtes du Félibrige, son expansion dans les pays étrangers, il développe à grands traits le programme de la tâche qu'il reste à accomplir :

« Mais, par dessus tout, à cette heure, ce que nous » avons à conquérir, ne l'oubliez pas, c'est notre » pays, oui, notre pays ! »

Il reconnaît qu'il a été fait beaucoup depuis la fondation du Félibrige ; mais il reste beaucoup à faire, et, ce qui presse le plus, c'est de gagner les Provençaux eux-mêmes, c'est de leur inspirer non seulement l'admiration, mais encore et surtout l'amour de leur langue. Et cette idée, échauffant son imagination, lui inspire la magnifique comparaison que voici :

« Comme ces statues de marbre que nous avons » trouvées dans nos vieilles Arènes, renversées, » brisées, mutilées de la main des Barbares, la langue » provençale gisait à terre, meurtrie, déchirée, » oubliée, elle, la reine, la fée de tant de siècles » brillants, de tant de trouvères les plus fameux ! » Nous l'avons relevée la statue ; pieusement, nous » avons fermé ses plaies et rentré les déchirures de » sa robe blanche. La déesse, maintenant, la voilà » de nouveau sur son piédestal, toujours souriante et » belle, plus belle et plus enivrante que jamais !

» Regardez !... Cela est grand et beau, certes ! Eh » bien ! ce n'est pas assez !... Ce marbre froid, il » faut qu'il s'anime ; cette grande morte, il faut » qu'elle revive comme jadis, embrasant de son » amour et de sa beauté toutes les âmes.

» Ce n'est pas assez d'admirer, il faut aimer : » l'amour, c'est la vie et l'avenir. Rien de grand ne » se produit sans l'amour ! C'est pour cela qu'il » faut répandre l'idée félibresque. »

Aux perfides ennemis du Félibrige ou aux esprits sincères, mais mal renseignés qui affectaient de voir dans la Renaissance de la littérature provençale un danger pour l'unité nationale, il répondait avec indignation :

« Nous autres, séparatistes ? Tenez, l'accusation » me ferait rire, si elle ne me faisait pas frémir ! — » Oh ! que non ! — Les Provençaux (est-il donc » encore besoin de l'affirmer ?) sont de la grande » France et ils en seront toujours ! Et Dieu merci, » ils l'adorent cette France bénie, telle que les » siècles et Dieu l'ont faite. »

Ce ne sont pas là protestations de circonstance, inspirées par la politique, pour les besoins de la cause ; c'est l'expression sincère du plus pur patriotisme. Ceux qui pourraient en douter n'auraient qu'à parcourir les trop courts fragments de lettres écrites par Aubanel à des amis, pendant la guerre, fragments dont M. Roumieux donna lecture en 1887, aux Fêtes félibréennes de Sceaux.

« La Patrie !..... disait-il, je n'ai jamais mieux » compris la tendresse et la douceur de ce mot » adorable qu'à cette heure de sang. On aime la » Patrie comme une mère et presque comme Dieu,

» et il est des instants où l'on verse toutes les larmes
» de son cœur à la pensée des maux qui la déchirent! »

Et dans une autre lettre, datée du mois d'avril, aux jours les plus sombres de la Commune, il se plaignait de ne pouvoir retrouver la paix de l'âme dans la solitude des champs, en pleine fête du printemps.

« Oh! que la solitude est bonne dans les deuils
» amers et les grandes douleurs! Mais malgré le
» soleil éblouissant et les blés qui verdissent, ma
» pensée s'en va aux lieux où le canon gronde, où
» la fumée des mitrailleuses obscurcit le ciel, et je
» vois la France meurtrie, déchirée, sanglante, et
» alors de grosses larmes me viennent aux bords des
» paupières, et même l'air embaumé par les lilas,
» même les chants des petits oiseaux ne peuvent
» rien à ma douleur. »

L'homme qui a souffert à ce point des désastres de la patrie a bien le droit d'être cru sur parole, quand il proteste ensuite que jamais ni lui, ni ses amis n'ont conçu la pensée sacrilège de détacher, même moralement, de la mère-patrie, une de ses plus anciennes provinces; — quand il déclare que toute son ambition ne va pas au-delà de cette visée : *parler purement le français et ne pas oublier le provençal,*

Connaître Aubanel, c'est déjà l'aimer. On peut dire que rien de vil n'a jamais pénétré dans cette belle âme. C'était un homme qui faisait honneur à l'homme. Aussi la sympathie allait à lui irrésistiblement, comme la limaille de fer va à l'aimant. Il était essentiellement bon, avec des délicatesses de sentiment d'une adorable naïveté. On m'a conté certains scrupules de lui, au moment de son mariage, qui à coup sûr étonneraient fort pas mal de braves gens, assez enclins à voir dans l'auteur de la *Vénus d'Arles* quelque chose comme un satyre sur le chemin de l'érotisme.

Tous ceux qui l'ont connu savent en quelle haute estime il tenait l'amitié. Il en a parlé avec une chaleur et une poésie auprès desquelles certaines définitions célèbres de l'amitié paraîtraient singulièrement ternes et froides. Dans une lettre intime qui m'a été communiquée, il écrivait à la suite d'incidents pénibles qui le brouillèrent avec un de ses plus vieux et de ses plus chers amis : « L'amitié me semble » devoir être quelque chose de si immaculé que le » moindre souffle, le moindre soupçon peut la » ternir. *L'amitié est une virginité*, une fois tachée » ou morte, rien ne la guérit, rien ne la ressuscite. »

Quelque jour, on fera la lumière sur cet épisode douloureux de sa vie, qui n'est pas sans intéresser par certains côtés l'histoire du Félibrige. Je ne me risquerai pas à vous dire de quel côté furent les torts, car je connais fort mal toute cette affaire. Ce que je crois pouvoir affirmer d'avance, c'est que si Aubanel s'est trompé, il s'est trompé en toute bonne foi, ou qu'il a été trompé. C'est la seule circonstance peut-être ou sa Muse naturellement aimante, lui ait inspiré des vers enfiellés ou qui voudraient être tels. Mais on sent que cette haine n'est que de l'amitié aigrie peut-être par quelque basse calomnie.

Ce n'est pas impunément qu'on a reçu de Dieu le don d'aimer *il ne va guère sans le don des larmes.* Plus que personne, Aubanel en a fait la douloureuse expérience. Tout *Le Livre de l'Amour* et le *Livre de la Mort* dans la *Grenade* sont là pour témoigner qu'il a chèrement payé ce privilège des âmes d'élite. Il a beaucoup aimé : il a aussi beaucoup souffert. L'entrée de Zani au couvent, puis son départ pour Constantinople le laissèrent désolé, inconsolable. Il nous a raconté comment la douce enfant lui prit son âme, toute son âme, un jour qu'elle était en prière au bord du chemin, devant une croix rustique, « sous » le vieux saule qui boit les eaux du vivier. » — Un moment, il se crut aimé : il parle d'un billet échangé, d'une fleur offerte et acceptée, de tendres promenades sous les ombrages de Font-Segugne ou sur les garrigues de Camp-Cabel, d'aveu timide, à coup sûr compris et presque encouragé.

Pourquoi Zani ne voulut-elle pas d'un amour qui s'offrait avec tant de délicatesse ? Pourquoi prit-elle le chemin du couvent ? — Je crois que la meilleure explication est encore celle de Mistral :

« Par un sentiment de pudeur ou de crainte » inquiète comme en éprouvent parfois au moment » de monter au temple de l'amour les amants de cet » âge, ni lui, ni elle, tout en jouant, tout en riant, » tout en dansant ensemble n'osèrent jamais se dire » tout clair et net qu'ils se voulaient. Tellement que » soudain, Zani, la pauvre fille, effrayée, peut-être » par le trouble qui la gagnait toujours davantage, » et n'ayant pas, pécaïre ! l'assurance ou l'espoir de » voir cette tendresse venir à bonne fin, ou plutôt » appelée par une voix supérieure, un jour, à » l'improviste, partit pour le couvent. »

Et Mistral ajoute :

« Lui, en fut mourant, inconsolable. Et de cette » douleur alanguie, et de cette passion éperdue,

» enfermée en lui, mais non apaisée, il sortit un
» livre brûlant, ému, palpitant, ingénu et chaste
» qu'Aubanel appela le *Livre de l'Amour* et que
» toute la critique salua comme un jaillissement
» d'amour vrai et jeune. »

Mais il ne s'enferma pas en égoïste dans sa douleur. *Le Livre de la Mort* est comme l'ombre de son propre deuil projetée sur le monde. Avec une ardente sympathie, avec une tendre commisération il entra dans l'abîme des douleurs humaines, et il les fit siennes. Il devina les terreurs des pauvres gens aux approches de l'hiver, la saison du froid et de la faim. (*V. La Miougr. Per Toussant*). — Il souffrit toutes les tortures d'une mère, dont les enfants crient la faim, et qui n'a plus un seul morceau de pain à leur donner ; (*V. Id. La Faim*) — et le désespoir plus navrant encore de celle qui voit partir pour le cimetière son petit enfant mort ; (*La Lampe*). — Il pense avec une pitié attendrie à l'orphelin ravi de passer une blouse noire, toute neuve, et qui ne se doute pas, le pauvret ! de ce qui cause sa joie ! — Dans le *Neuf Thermidor* et dans les *Innocents* il s'en prend avec une vigueur incomparable aux maux que la tyrannie déchaîne sur le monde. Enfin au milieu de ce tableau désolé des misères de la vie, se dresse l'image de la Mort, que rien n'arrête, que rien ne fléchit, ni l'innocence, ni la jeunesse, ni la beauté.

« La Mort marche, elle s'empresse ; de sa faulx elle fauche les jeunes et les vieux. »

Et pourtant, si chargé que soit ce sombre tableau, il y manque encore la plus haute et peut-être aussi la plus cruelle de toutes les douleurs :

« Nous sommes tourmentés par trois douleurs,

» disait Cakya-Mouni : la douleur de la souffrance, la » douleur des idées, et la douleur des changements. »

Toutes les larmes d'Aubanel sont allées à la souffrance physique et aux blessures du cœur. Il n'a pas compati aussi activement à la *douleur des Idées*, au tourment de la pensée qui cherche anxieusement le sens de la grande énigme. Est-il cependant au monde, douleur plus poignante et plus pitoyable que celle d'un Pascal ou d'un Musset, ou d'un Byron aux prises avec le doute ? Il ne semble pas qu'Aubanel ait connu ces hautes tristesses. Poète ému, coloriste éblouissant, dramaturge pathétique, artiste de haut vol, il fut, par contre, penseur timide. La douleur universelle n'a pas eu d'interprète plus émouvant ; il n'ose pas en chercher le sens. Il nous conduit jusqu'au bord de l'abîme ; il a peur d'en sonder les profondeurs. Les orages de la pensée contemporaine passent bien au-dessus de sa tête sans la courber. Et pourtant les plus grands esprits se consoleraient peut-être de mourir et ils se résigneraient à souffrir, s'il leur était donné de savoir. Dans l'œuvre d'un Victor Hugo, d'un Sully-Prudhomme, d'un Leconte de Lisle, sont posés et agités les plus hauts problèmes de la philosophie contemporaine. On se demande en lisant Aubanel, s'il en avait même le soupçon. De bonne heure il se réfugia dans la foi et nous avons déjà dit que sa foi était celle du Charbonnier.

« Nous fidèles à la foi de nos pères, nous croyons » aux Saintes-Maries, à Saint-Brancaï, nous croyons » à Saint-Gens, à Saint-Donat, à la Sainte-Vierge, » nous croyons en Dieu et notre littérature élève et » console. »

A Dieu ne plaise que nous songions à l'en blâmer : la foi est toujours chose infiniment respectable, surtout quand elle est aussi vaillante et aussi sincère. Mais il est peut-être permis de remarquer, sans lui manquer de respect, que les grandes clefs dorées de Saint-Pierre qui luisent sur l'enseigne de la boutique d'Aubanel, ont fermé sur son esprit les lourdes portes de la prison du dogme.

Chez Aubanel, la pensée n'a pas l'envergure du cœur. L'artiste a fait tort au penseur. Mais telle qu'elle est, sa part reste encore assez belle pour faire envie même aux poètes les plus gâtés de la Muse.

## II

Mais il est temps de laisser l'homme pour arriver à l'œuvre ; c'est sur le côté dramatique de cette œuvre que je voudrais plus particulièrement appeler votre attention.

Aubanel, poète élégiaque, est connu. Aubanel, dramaturge, l'est beaucoup moins. Pour louer *La Grenade* et *Les Filles d'Avignon*, on a, dès la première heure, épuisé toutes les formules de l'admiration. On ne prise peut-être pas encore, autant qu'il le mérite, l'auteur du *Pain du Péché*.

Et pourtant, c'est dans le *Pain du Péché* qu'on peut le mieux prendre la mesure du poète. Il est là tout entier, avec son ardent amour de la patrie provençale, avec son culte passionné de la beauté féminine, avec son imagination naturellement dramatique, avec cette fusion étonnante, tant elle est harmonieuse, de réalisme et d'idéalisme, qui est comme la marque propre de son génie. Le *Pain du Péché* n'est pas dans la carrière poétique d'Aubanel un simple accident. Il en est à mon sens l'achèvement naturel, l'expression la plus significative. Aubanel est allé au drame comme les alouettes vont au miroir du chasseur. Il l'attirait. Si le drame vit avant tout de passion sincère, nul mieux que lui n'était fait pour y exceller. Car il était tout flamme et avec cela, il était épris de nature et de vérité !

Tous les critiques qui ont parlé de la *Grenade* et des *Filles d'Avignon* n'ont pu s'empêcher de remarquer ce caractère dramatique de la poésie d'Aubanel. A mon avis, ils auraient dû insister davantage : il n'ont peut-être pas assez dit que c'est là le trait distinctif de son tempérament.

Les plus belles pièces de la *Miougrano* sont précisément de petits drames d'un tissu serré, d'une action entraînante, d'une émotion concentrée. Pour ne parler que des plus topiques, rappelez-vous dans le *Livre de l'Amour*, le joli *Conte du Roi et du Baile;* — la délicieuse idylle qui commence par ce vers :

N'éro pas uno reino !

d'une grâce et d'un naturel si exquis, d'un sentiment si délicat ; — rappelez-vous encore dans l'Entre-Lueur, *Les Jumeaux, Les Faucheurs, Les Peupliers, Les Esclaves.* — rappelez-vous enfin dans le Livre de la Mort, les vigoureuses ébauches dramatiques qui ont nom *La Faim, Le Treizain, Puella,* et surtout le *Neuf Thermidor* et les *Innocents.*

Mais ce n'est pas assez de remarquer que dans chacune de ces compositions, prise à part, il y a comme l'esquisse d'une action dramatique : comment ne pas être frappé de la disposition, dramatique elle aussi, du recueil tout entier ? Les trois parties de l'ouvrage se suivent et se tiennent comme les trois phases d'une sorte d'action idéale, qui se passe dans l'âme du poète : d'abord les amers regrets de l'abandon, puis, une détente, une sorte d'accalmie, l'*Entre-Lueur*, pour parler le langage plus imagé de l'auteur ; enfin, dans le *Livre de la Mort*, la cicatrice qui semblait fermée se rouvre, la plaie se ravive, sa douleur s'exaspère et se renforce de toutes les douleurs humaines où la sienne va se perdre comme dans un océan. Dans la poétique analyse que Mistral a placée en tête de la *Miougrano*, il a supérieurement vu et marqué cette intention dramatique.

Dans *Les Filles d'Avignon*, ce tour dramatique de la poésie d'Aubanel est beaucoup moins sensible. Et cela devait être. Cet admirable recueil, qui peut soutenir la comparaison avec tout ce que la poésie de notre siècle a produit de plus parfait, comprend 75 pièces, de genres très différents. Il y a là des sonnets, des épîtres familières, des chansons, des sirventes, des épithalames, des élégies, des scènes de mœurs, des brindes, des odes, des morceaux de poésie descriptive, en un mot, des pièces d'une extrême variété de caractère, de sentiment et de sujet. Aubanel avait trop de goût pour faire entrer de force dans le moule dramatique toutes ses idées poétiques, même les plus réfractaires à cette forme de composition.

Je me garderai bien, par exemple, de voir dans la *Perle* autre chose qu'un ravissant pastel d'une touche infiniment délicate, souligné d'un compliment, le plus délicieusement flatteur que jamais poète ait tourné à une femme. Il me suffit qu'*Avant la Nuit,* le sonnet dédié à Mme Hamelin, soit un admirable crépuscule. Si vous voulez savoir tout ce qu'un maître styliste peut faire tenir de sensations, d'images et de sentiments dans le cadre étroit d'un sonnet, lisez : *Avant la Nuit,* un pur chef-d'œuvre, dont on peut dire : *Maximè miranda in minimis.* Là, chaque mot porte, fait image ; chaque vers ajoute à la poésie et à la grandeur simple du tableau. Je ne crains pas de dire que ces quelques vers peuvent être mis en parallèle avec les plus célèbres scènes rustiques de l'*Iliade*, sans avoir rien à redouter de la comparaison.

« Le hoyau sur le cou, l'homme arrive au seuil ; » la femme s'en revient du jardin avec un plein » tablier, et les bêtes à la fontaine vont boire, et les » jeunes filles chercher de l'eau avec un broc incliné » sur la hanche ronde.

» Le bois de pins, au crépuscule, semble un noir » éventail : un grand feu rougeâtre fait resplendir la » maison ; *les enfants somnolents, soupent d'un* » *baiser*. Vers la bergerie, en tas, le troupeau se » rassemble.

» Cris de pâtres empressés, aboiement des chiens » qui courent, tintements de sonnettes au cou des » bêliers cornus, bêlements sans fin des agneaux et » des mères. Le Bouvier céleste dans le firmament » accouple ses bœufs ; des deux mains, Dieu là-haut » semeur d'étoiles : alors, ivres d'amour chantent » les rossignols. »

Dans le *Lacrymæ florum*, qu'Aubanel composa sans doute dans un cimetière, au milieu des tombes, le cœur encore tout brisé de la perte récente de son frère Joseph, je ne vais pas chercher autre chose non plus qu'une sombre et douloureuse songerie sur la détresse des morts, « ces pauvres endormis, couchés sous l'herbe, que le vers déshabille là-bas au fond de la tombe, pendant que les vivants les oublient. » Seul, le poète prend pitié de leur navrante solitude et s'enquiert de leurs désirs.

« Et moi, toujours plus dolent dans le parfum des fleurs, je cherche l'âme des morts. »

Vainement encore, vous chercheriez même le canevas d'un drame dans *Les Fiançailles*. C'est tout simplement une vision d'amour édénique. Le poète y chante l'ivresse de deux amoureux qui s'aiment, à la face du ciel, en pleine campagne. Il associe la nature entière à leur tendresse ; il veut qu'elle en soit complice et qu'elle garde pour elle le secret de leurs transports. Comme s'il n'y avait pas à ses yeux de spectacle plus grand que celui de deux beaux adolescents dont le cœur s'éveille, quand le mystère d'amour s'accomplit, on dirait que quelque chose de religieux vient de se produire :

« Grands arbres inclinez-vous, pleins de paix et » d'ombre, tendrement vers eux, vite, vite comme » des bras amis, inclinez votre feuillage ; prenez-les » dans votre manteau.

» Que l'homme ne voie rien de cette fête douce, » fête d'amour, fiançailles d'été ; fourmi parles en » seulement à la mousse, et toi, forêt sublime, à » Dieu ! » (P. 147.)

Enfin, la pièce la plus célèbre du Recueil, la fameuse *Vénus d'Arles,* qui suffirait seule à la gloire d'Aubanel si le reste de son œuvre venait jamais à se perdre, est avant tout une brûlante effusion lyrique en l'honneur de Vénus, la grande déesse païenne, symbole immortel de jeunesse, d'amour et de beauté. On ne se lasse pas de la relire, et chaque fois on y découvre quelque nouvelle beauté. On ne sait trop vraiment ce qu'il faut admirer le plus dans cet hymne splendide, de la perfection impeccable de la forme ou de l'ardeur dévorante de la passion qui l'anime. On sent bien en le lisant que le culte de la Beauté fut la passion maîtresse d'Aubanel.

A ma connaissance, de tous les critiques qui en ont parlé, celui qui en a le mieux compris et le plus justement marqué le vrai caractère est peut-être M. Aimé Camp, un de nos plus sympathiques compatriotes, un des rares fidèles des lettres grecques qui peuvent encore lire Homère, Sophocle et Platon à livre ouvert, et qui a gagné à ce commerce de rester jeune en dépit des années. Je ne saurais mieux faire, je crois, que de lui passer la parole :

« Cet hymne, dit M. Camp, peut-être comparé à » la célèbre invocation de Lucrèce. Dans Aubanel, » la Vénus d'Arles est pour la Provence ce que » l'*Œneadum genitrix* est, dans Lucrèce, pour » l'Italie et le monde. Même charme et même éclat » de style dans les deux poètes, même ardeur de » sentiment, même enthousiasme et aussi même » liberté de peinture dans certains détails.

» L'hymne d'Aubanel est plus latin que grec, il » relève de Lucrèce et de Catulle plus que des grands » poètes helléniques. Ceux-ci n'analysent pas les » beautés du corps féminin. Un trait bien choisi leur

» suffit. Homère donne à son Aphrodite la ceinture » à laquelle toutes les séductions sont attachées. » Sapho, dans l'hymne à la déesse, fait briller un » sourire sur son visage immortel. Pindare dit dans » une Pythique : *Aphrodite aux pieds blancs invita* » *l'aimable pudeur aux délices de leur couche.* Les » auteurs tragiques célèbrent dans les chœurs la » belle Cythérée pour sa puissance irrésistible sur » les âmes. Sophocle met dans ses mains des rênes » d'or, signe de cette domination : Χρυσήνιος Ἀφροδίτα.

» C'est aux époques de déclin que les poètes » grecs ont essayé de lutter contre les arts plastiques, » témoin *le portrait d'une hétaïre,* celui *de Bathylle,* » et *le disque d'Aphrodite* trois pièces de vers » gracieuses, qui portent le nom d'Anacréon, mais » lui sont bien postérieures.

» Ces réflexions ne tendent pas à diminuer le » mérite de la poésie d'Aubanel. Un ardent amour » du beau l'anime, et un noble accent de patriotisme » provençal y vibre partout. C'est ce qui justifie le » magnifique éloge de Mistral. Mais ne s'en dégage- » t-il pas une sensation troublante et comme un » frisson de volupté ? »

Et M. Camp ajoute en terminant :

« M. Sully-Prudhomme, auteur d'un hymne à la » Vénus de Milo, a obéi à un autre genre d'inspira- » tion. Ses vers nous transportent en pleine lumière, » dans la région des sentiments éthérés, dans la plus » haute sphère de l'idéal. C'est du platonisme » chanté.

» Parmi ceux qui lisent les deux hymnes, les uns » donnent la préférence à Sully-Prudhomme, les

» autres à Aubanel. Le mieux est d'admirer ces » deux poésies, comme on ferait pour une toile de » Raphaël et une autre de Rubens. » — (*L'Artiste*).

M. Camp ne s'est pas contenté de commenter, en fin lettré, le chef-d'œuvre lyrique d'Aubanel. Il en a donné une traduction que vous entendrez, je crois, avec plus de plaisir encore que le commentaire, car elle a valu à son auteur une des plus flatteuses appréciations que le modeste traducteur pût ambitionner. Après l'avoir lue, M. Alexandre Dumas écrivait à M. Camp : « Je ne sais pas comment la » *Vénus d'Arles* est dans l'original puisque je ne » comprends pas sa langue maternelle, mais elle ne » saurait être mieux que dans la traduction que vous » en avez faite. En même temps que l'oreille est » charmée par la souplesse et l'harmonie de ces vers » fermes, pleins, colorés, sonores, les yeux voient » se dessiner les lignes et les formes de la déesse. » Je vous fais tous mes compliments bien sincères. »

Voici cette traduction :

O belle Vénus d'Arles et belle à rendre fou,
Ta tête est fière et douce, et tendrement ton cou
S'incline. Respirant les baisers et le rire,
Ta fraîche bouche en fleur, que va-t-elle nous dire ?
Les Amours, avec grâce, ont, d'un ruban noué,
Tes longs cheveux, bouclant sur ton front enjoué.
O blanche Vénus d'Arles, ô reine provençale,
Sans manteau, ton épaule en sa splendeur s'étale ;
Tu parais bien déesse et fille du ciel bleu.
Ta poitrine ravit les regards ; l'œil en feu
Tressaille de plaisir devant la jeune enflure

Des pommes de ton sein, d'une rondeur si pure.
Que chaque peuple accoure, et qu'il soit allaité,
A tes beaux seins jumeaux, d'amour et de beauté.
Comme, sans la beauté, la terre serait sombre !
Qu'il reluise le beau, que le laid garde l'ombre !
Fais-nous voir tes bras nus, tes seins nus, tes flancs nus,
Et montre-toi sans voile, ô divine Vénus.
La beauté te revêt mieux que ta robe blanche.
Laisse à tes pieds tomber la robe, dont ta hanche
S'enroule, nous cachant tes plus charmants appas ;
Aux baisers du soleil ne les refuse pas.
Comme un lierre s'enlace à l'écorce d'un arbre,
Laisse-moi, dans mes bras, étreindre, en plein, ton
[marbre ;
Laisse ma lèvre ardente et mes doigts, en tremblant,
Courir, ivres d'amour, partout sur ton corps blanc,
Douce Vénus, ô fée aimable de Jouvence,
Ta beauté, qui rayonne au sein de la Provence,
Donne aux vierges la grâce, aux garçons la vigueur.
Vénus, sous leur peau brune est le sang de ton cœur,
Toujours vif, toujours chaud. — Aussi, d'un air alerte,
Nos filles vont marchant, la gorge découverte ;
Aussi nos joyeux fils raidissent leurs bras fort
Aux luttes des taureaux, de l'amour, de la mort.
Aussi, par tes attraits séduit, ô magicienne,
Moi, chrétien, j'ai chanté pour toi, grande païenne.

Aimé CAMP.

Il serait trop long de caractériser, même brièvement, toutes les pièces des *Filles d'Avignon*, chansons, brindes, morceaux descriptifs, épîtres en vers, portraits qui n'ont et ne pouvaient avoir à aucun degré l'allure dramatique.

Il en est quelques-unes cependant où se marque avec une force singulière ce caractère presque scénique de la poésie d'Aubanel. Lisez, par exemple, *Vieille Chanson*, qu'Aubanel a dédié à son ami Antonin Glaize. C'est une ravissante idylle en cinq couplets, il serait plus exact de dire en cinq actes :

1er couplet : Rencontre des deux amoureux ;

2me couplet : Tête-à-tête et pique-nique à la maison du galant ;

3me couplet : La visite au curé pour lui demander de les marier. — Bénédiction nuptiale ;

4me couplet : La noce et le bal à la maison ;

5me couplet : Le coucher de la mariée.

C'est ce qui peut s'appeler mener rondement les choses : « Sian pressa qu'es pas de dire. »

C'est une peinture à la fois vraie, troublante et cependant chaste d'une amourette villageoise. Le poète nous fait envier le bonheur de ces deux jouvençaux qui ne s'attardent pas aux préliminaires du mariage. Ils se voient, ils s'aiment, ils se le disent et les voilà qui courent chez M. le Curé pour qu'il leur passe la bague au doigt.

Voici maintenant des Noces d'un autre genre.

A lire les premiers vers, on dirait un joyeux épithalame, une triomphante chanson de noces.

Et en effet, l'heure des fiançailles est venue pour la pauvre Antoinette. — Tristes, lugubres fiançailles ! Fiançailles de la jeunesse et de la beauté avec un fiancé qui n'aime pas à rire. Il enlève les jeunes filles qui ne veulent pas de lui. C'est la Mort scélérate qui se plaît à broyer les misérables cœurs humains.

Il va venir : on l'attend ; la fiancée est prête. Et le poète nous montre la vieille grand'mère qui va d'un pas chancelant, les yeux aveuglés de larmes, préparer les funèbres atours.

Puis un cri retentit, terrible : le fiancé est entré dans la maison :

> Es la Mort, que degun n'espèro
> E que de longo sus la terro
> Per li vièu cavo quauque trau !

Cette pièce est de celles qui montrent qu'Aubanel avait reçu le don des larmes. — Elle est d'une tristesse à fendre l'âme. Même à travers cette sèche analyse, on peut juger de tout ce que la forme dramatique du récit ajoute de pathétique au sujet.

— *Le Bal* n'est pas moins intéressant à étudier pour qui veut savoir comment on peut dramatiser un simple tableau de mœurs. Il y a là un sens étonnant de la vie. C'est une peinture saisissante de couleur et de vérité d'un bal provençal, sur le chaume, en plein soleil d'août. Voilà le vrai et sain réalisme, toujours respectueux de l'art, relevé jusque dans ses plus audacieuses tendresses par l'idée morale et même une pointe de surnaturel. Le bal y est présenté comme une œuvre de perdition, comme un piège du diable. — Le diable y tend ses filets où vont se prendre les imprudentes fillettes.

A mesure que l'on avance, il semble que l'on est emporté dans le tourbillon de cette danse endiablée ; on se sent gagné par la griserie voluptueuse, par le vertige du bal. On sent grandir en soi la tentation coupable et comme la fascination de la faute.

Je n'admire pas seulement dans *Les Forgerons* le

merveilleux coloris qui a fait dire un jour par Alphonse Daudet : « Quand je sens s'éteindre en moi le sentiment de la lumière, je relis *Li Fabre*, et il se rallume soudain à cette flamme incandescente. » Ce qui me frappe pour le moins autant dans ce morceau, c'est un état d'esprit assez voisin de celui qui a donné naissance aux mythes primitifs d'*Indra* (l'air) et de *Mitra* (le jour — le soleil). — *Les Forgerons* nous reportent à ces époques lointaines et naïves où le mythe jaillissait sans effort de l'âme humaine ravie ou terrifiée par les grands spectacles de la nature. C'est une sorte de drame surhumain en plein ciel. — Dans *Les Forgerons*, la nuit triomphe du jour. Dans *les Noces de Feu*, c'est au contraire le soleil qui est vainqueur de la nuit. Les deux pièces procèdent de la même inspiration : elles se valent. Aubanel eut un moment l'idée d'en former, avec quelques autres du même caractère, une petite plaquette qui aurait eu pour titre : *Paysages célestes.*

Nous avons déjà vu l'élégie, l'idylle et la chanson devenir dramatiques sous la plume d'Aubanel ; il lui appartenait encore, sinon de créer, tout au moins de traiter en maître, ce qu'on pourrait appeler *le Paysage dramatique.* Les pièces que je viens de rappeler sont de remarquables spécimens de ce genre.

## III

Avec les qualités que nous venons de lui reconnaître, Aubanel devait se sentir fortement attiré vers le théâtre.

Il y avait là une voie à frayer, et une place à prendre.

En effet, à la date de 1877, le Félibrige ne comptait pas un seul dramaturge de renom. La nouvelle littérature provençale issue du grand mouvement de 1850 avait peu à peu conquis tous les genres poétiques ; mais elle n'avait pas tenté sérieusement de forcer les portes du théâtre et de s'emparer de la scène.

Pour être exact, il convient cependant de mentionner une première escarmouche du poète aixois J.-B. Gaut. « Dès septembre 1875, Gaut, nous dit » M. Savine, faisait représenter, aux fêtes de Notre-» Dame-de-Provence, à Forcalquier, un drame sur » l'expulsion des Maures, en 980, pièce remarquable » surtout, parce que, dans certaines de ses scènes, » elle est l'expression poétique première de ce que » l'on a appelé l'*Idée Latine ;* mais *Lei Mouro* une » fois joués, Gaut était rentré dans sa silencieuse » retraite de la bibliothèque Méjanes à Aix, pour y » composer, sans bruit ni tapage, des opéras-» comiques,. des vaudevilles et des drames qui ne » virent point les feux de la rampe. »

Aubanel trouva donc le champ libre ; du premier coup il s'y installa en maître.

Le Félibre Avignonnais a écrit 3 drames : le *Pain du Péché* le *Pâtre*, encore connu sous le nom de *Cabral*, et le *Raubatori* ou l'Enlèvement.

Sur ces trois pièces, deux le *Pâtre* et l'*Enlèvement* sont inédites. Seul le *Pain du Péché* a été représenté sur le grand théâtre de Montpellier aux Fêtes latines de 1878 ; il a été imprimé par les frères Hamelin de

Montpellier, en 1882, à un petit nombre d'exemplaires, destinés aux amis d'Aubanel.

Nous en sommes donc réduits à juger Aubanel dramaturge sur une œuvre unique. A coup sûr, c'est trop peu pour se prononcer, en pleine connaissance de cause, sur le système dramatique de notre auteur. Mais c'est assez cependant, pour reconnaître à n'en pas douter, qu'il y avait dans le poète de la *Miougrano* l'étoffe d'un puissant tragique.

Le *Pain du Péché* est avant tout un drame Provençal. On peut dire qu'il est aveuglant de couleur locale. L'idée-mère de la pièce, le cadre, les personnages, les traits de mœurs, tout y est provençal, et cependant tout y est profondément humain. Je ne crois pas que dans aucune pièce de théâtre, l'harmonie entre la langue de l'auteur, le caractère des personnages qu'il met en scène et le milieu où se déroulent les péripéties de l'action soit plus intime et plus complète. C'est bien l'âme même de la Provence qui respire dans ces pages enflammées. Aubanel a voulu faire œuvre méridionale : il y a pleinement réussi.

Le sujet de la pièce est des plus simples. C'est la vengeance d'un mari outragé dans son honneur, c'est la punition de la femme adultère. Mais si la donnée n'est pas neuve, ce qui est en revanche tout-à-fait original, c'est le genre de vengeance imaginé par le mari. Il ne pouvait venir qu'à l'esprit d'un Provençal de race, nourri des vieilles légendes du pays.

Voici, du reste, la pièce en résumé :

Fanette, une belle fille d'Arles, s'est mariée, jeune encore, à Malandran, un riche ménager de la Camargue. Mais dans ce *mas* perdu du Trébon, où elle est venue ensevelir sa jeunesse, elle n'a pas trouvé l'amour, tel qu'elle l'avait rêvé. Elle l'imaginait « doux, enjoué, familier, tendre et céleste. » (Acte V, sc. V.) Malandran, rude paysan, épris de la terre comme d'une maîtresse, n'a pu lui offrir qu'une tiède affection de mari. Les années ont passé, vides, monotones, ramenant chaque jour les occupations prosaïques d'une grande ferme ; des enfants sont arrivés qui ont trompé jusque-là, sans la satisfaire entièrement, sa soif de tendresse ; et maintenant, elle approche de la trentaine, et elle voit la jeunesse lui échapper sans retour, et elle se sent au cœur une indicible tristesse. Elle souffre dans son orgueil de femme qui se croit dédaignée dans son corps bêlant d'amour et toujours inassouvi.

C'est le moment de la moisson, le temps des aires. La récolte a été belle cette année ; d'énormes meules de blé se dressent autour du chaume battu. On va les fouler, car le temps est propice ; il fait un soleil de feu. Maître Malandran a précisément engagé le vieux Pierre avec sa *manade* de chevaux camarguais pour aider les hommes de la ferme. On n'attend plus que lui pour se mettre à l'ouvrage. C'est Malandran qui vient de l'apprendre à Fanette.

Mais qu'importent à Fanette et le blé à dépiquer et les greniers à remplir ? Le soir tombe sur la campagne brûlée, et, assise devant la porte du *mas*, elle pleure plus que jamais le rêve d'amour envolé.

Voilà que tout-à-coup le bruit lointain d'un galop lui fait dresser l'oreille et relever la tête. Le galop se rapproche : elle regarde ! « Quel est donc celui » qui, sans veste ni blouse, fier comme un Arabe, » conduit à cheval le haras et fait claquer son fouet

» si fort et si allègrement qu'on dirait qu'il a été » prieur de Saint-Eloi ? »

— Ce n'est pas Maître Pierre, non ! — C'est celui que son cœur appelle, celui qu'il attend depuis si longtemps. C'est le bien-aimé, jeune, beau, fascinateur, qui va verser dans son âme qu'elle croyait morte toutes les ivresses de l'amour. C'est Véranet, le fils d'Auzias, le petit-fils du vieux Pierre, un gas superbe, presque un adolescent. Il paraît et Fanette est à lui.

Parfois, en Algérie, sur les pentes des montagnes, quand viennent les journées embrasées de Juillet, il ne faut qu'une allumette enflammée jetée par un Arabe imprudent ou mal intentionné pour incendier les broussailles calcinées de la brousse. En un clin d'œil, surtout si le vent souffle, la montagne est en feu. De même Véranet n'a qu'à se montrer et Fanette est conquise. Malandran est la prose et Véranet la poésie. Il a pour lui la jeunesse, la force, la beauté !

Lorsque l'amour fond sur nous avec violence, chante le chœur de la Médée d'Euripide, il ne laisse aux hommes ni honneur ni vertu.

« Ni la flamme dévorante, chante aussi le chœur » de l'*Hippolyte*, ni les traits lancés par les astres, » ne sont plus terribles que les traits de Vénus » lancés par les mains de l'Amour, fils de Jupiter. »

Fanette est de la famille des grandes énamourées, des Phèdre, des Hermione, des Médées. Elle est sœur des plus illustres victimes de l'amour. Désormais, plus de repos pour elle, le jour, la nuit, partout l'image de Véranet la poursuit. Elle rêve de ses caresses ; elle a soif de ses baisers. Vainement, elle cherche à chasser l'obsession criminelle ; vainement elle se cramponne désespérément à son honneur et à son devoir ; elle, la mère honorée de trois beaux enfants qu'elle chérit, elle, la femme longtemps respectée du riche fermier Malandran, elle en vient à se traîner aux pieds de Véranet à le prier humblement d'amour. Déjà l'adultère est consommé en imagination ; déjà par la pensée, elle en a goûté les voluptés perverses, quand à l'heure de la sieste, au milieu de la ferme endormie, aux ardeurs dévorantes d'un midi de juillet la jettent pâmée aux bras de Véranet.

Bientôt, la vie n'est plus tenable à la ferme pour la femme infidèle. Les remords, un moment endormis par le désir vertigineux de la faute, se réveillent dans son âme et la tenaillent. Tout lui rappelle sa chute et la lui reproche : les brocards malicieux des valets qui ont tout vu ou tout deviné, ses enfants dont elle n'ose plus embrasser la tête innocente, la confiante sécurité de son mari dont la tendresse semble devenir plus attentive et comme plus caressante au moment même où elle le déshonore ; les murs même de la maison, de cette maison patriarcale où elle a introduit l'adultère, lui crient sa faute. Elle a peur de tout ; elle ne se trouve rassurée qu'à côté de Véranet, mais Véranet n'est pas toujours auprès d'elle : il faut en finir, il faut fuir, loin, bien loin, en Espagne, en Afrique même, n'importe où, dans un pays où tous les muets témoins de son crime ne se dressent plus devant elle pour l'accuser et la torturer.

Véranet consent à fuir. Et les voilà emportés tous deux, Fanette en croupe de son amant, au triple galop d'une pouliche camarguaise, sur la route de Cette, dans la direction de l'Espagne. Un valet les a vu passer au loin, comme dans un éclair, et il vient tout hors de lui, en porter la nouvelle à Malandran. Le premier mouvement du fermier est de croire à un malheur. Sans doute les chevaux ont pris peur, Véranet n'a pu en être maître, et il tremble à l'idée que la vie du jeune homme est en danger. Mais, non ! C'est bien un enlèvement. Voilà le vieux Beaumont, un fidèle serviteur, qui vient à son tour avertir le maître. La colère de Malandran éclate alors comme un ouragan, furieuse : il jure de tirer du misérable qui lui a traîtreusement volé son honneur une terrible vengeance.

Le quatrième acte nous conduit dans une hôtellerie, sur la route de Cette. Les deux amants viennent d'y arriver, après une course éperdue dans la nuit, et avant de repartir, pendant que leur cavale épuisée se refait à l'étable, ils se font servir par l'hôtesse méfiante un repas nuptial. Véranet, si timide, si hésitant quelques heures auparavant, parle maintenant en maître. Il veut que sa Fanette soit toute à la joie de ce tête-à-tête ; qu'elle chasse bien loin toutes les idées noires, tous les souvenirs importuns, qu'elle rie, qu'elle boive des vins capiteux, qu'elle chante comme lui. Et Fanette se laisse gagner à cette griserie d'amour. Pourtant, de fâcheux pressentiments l'assiègent : le spectre de la mort vient s'asseoir à côté d'elle au festin. Mais Véranet se rit de ses inquiétudes comme il se moque de la mort : du reste, il vient de verrouiller la porte : qui pourrait troubler leur bonheur ? — Mais voilà qu'au moment où les fumées de l'ivresse commencent à monter à la tête du jeune homme, des coups violents ébranlent la porte. Un homme veut entrer ; et, comme on tarde à lui ouvrir, un coup plus terrible retentit, la porte craque, et Malandran se précipite aux yeux épouvantés de Fanette, accroupie dans un coin.

Il demande sa femme, il veut la tuer ! Mais Véranet lui fait face. Il lui offre le combat à l'italienne, à coups de couteau. Mais Malandran n'écoute plus : il est là debout, immobile, enfoncé dans une muette songerie. L'abjection de cette femme lui apparaît maintenant si grande que le dégoût l'emporte sur la fureur ; qu'elle reste avec son séducteur ! Pour lui, il n'en veut plus !

— Puis, tout d'un coup une idée subite lui traverse l'esprit : il va vers la table, et, sans dire mot, plie tout dans la nappe, pain, vin, rôti, devant les amants ébahis, et il part comme la foudre. Il tient maintenant sa vengeance !

Horrible vengeance !

Une vieille légende du pays veut que le pain du péché, le pain de l'adultère empoisonne tous ceux qui en touchent. Il fera manger à ses propres enfants, mais non ! à ceux de l'autre, de la dévergondée, le pain de l'adultère, dont le diable moud la farine, et ils en mourront.

Fanette a compris : la mère se réveille enfin dans l'amante : elle repousse Véranet qui la veut retenir, et affolée, elle se lance dans la nuit, sur les pas de son mari, pour l'empêcher de consommer son barbare projet.

Quand elle arrive à la ferme, Malandran, comme fou, a déjà traîné autour de la table, sur laquelle il a posé les reliefs empoisonnés du festin, ses trois pauvres petits dans lesquels il ne veut plus voir que des bâtards. Sourd aux supplications de ses serviteurs qui essaient, mais en vain, de le convaincre que les chers innocents sont bien de lui, que Fanette est restée pure jusqu'à la venue de Véranet, déjà il leur a fait manger de force une bouchée de ce pain qui tue : — à ce moment, Fanette se précipite ;

« Ne mangez pas ! ne mangez pas ! car ce pain » empoisonne ! » Et elle leur arrache les morceaux de la bouche, puis, se tournant vers Malandran, elle lui demande grâce pour les enfants, pour *ses* enfants ; car elle le jure, ils sont de lui et bien à lui. Elle seule a mérité la mort, et elle est venue pour la recevoir de sa main.

Et comme pour exaspérer encore davantage la jalousie de Malandran et le faire bondir sur elle, même à cette heure terrible, elle proclame encore que son cœur est toujours à Véranet. Mais Malandran :

« Il n'appartient qu'à Dieu de donner la mort ou » la vie : pour moi, je confie ma vengeance au » remords, et qu'elle vienne ou ne vienne pas, pour » moi, tu es déjà morte. »

FANETTE :

« Tu dis vrai ! pour toujours morte ! »

Et elle prend un couteau sur la table ; elle se l'enfonce dans le cœur et tombe ensanglantée.

MALANDRAN.

» Ouvrez la porte ! que devant tous, elle meure ! »

Les valets accourent épouvantés aux cris de secours que pousse la vieille Mian et Beaumont.

« Pleurez, pauvres petits, disent-ils, vous n'avez » plus de mère.

MIAN.

» En mourant, elle vous a baignés de son sang,
» hélas ! »

MALANDRAN.

« Et tachés pour la vie ! Oh ! les tâches de sang,
» les taches de l'honneur, enfants, ne s'effacent plus.
» Sa tombe n'aura point de croix pour l'abriter ;
» valets, creusez sa fosse à la pluie, à la grêle ; que
» nul n'en connaisse la place, hors le vers affamé.
» Emportez le cadavre !...

*Les valets, relevant le cadavre.*

» — Hélas ! il n'est pas froid encore !

MALANDRAN.

» Morte comme un damné, enterrée comme un
» chien. Ah ! le pain du péché est amer, camarades ! »

Tel est en raccourci, le drame d'Aubanel.

Je ne sais au juste si, comme on l'a dit, c'est du Calderon, voire même du Shakespeare. Qu'importe, pourvu que ce soit du bon et du meilleur Aubanel ! — A ma connaissance, il est peu de composition dramatique plus captivante à la lecture ; au dire de ceux qui ont eu la bonne fortune d'assister à la représentation de 1878, il en est peu de plus empoignante à la scène.

M. Jules Lemaître qui a été dur, plus que dur, cruellement injuste pour l'œuvre d'Aubanel, n'a pu cependant lui refuser la grandeur, la simplicité, la poésie et une flamme partout répandue. N'est-ce donc rien que tout cela ? Connaissez-vous beaucoup

4

de tragédies en cinq actes et en vers dont on pourrait en dire autant? Et n'y a-t-il pas dans ces éloges, même marchandés, de quoi consoler les admirateurs d'Aubanel de l'irrévérencieuse parodie qui remplit les pages suivantes? Et notez que Lemaître ne lit pas le provençal, qu'il a vu l'œuvre d'Aubanel à travers la traduction émasculée qu'en a donnée Paul Arène, et que la copie ressemble à l'original à peu près comme une sanglante pivoine sur tige ressemble à la même pivoine décolorée et desséchée dans un herbier! — Notez encore qu'il y a des jours où M. Lemaître a ses nerfs, tout comme une jolie femme. Un rien les agace; par exemple, rien ne lui est plus désagréable, à lui, le critique fin, délicat, nuancé, que l'outrance et l'hyperbole méridionales. — Or, il paraît que le soir de la représentation du Théâtre-Libre, « il y avait autour » du drame, pendant les entr'actes, un bruit de » félibres très excités, et comme un crépitement » d'ardentes cigales. Les uns disaient : « Té ! c'est de » l'Eschyle. » et les autres : « C'est du Shakespeare, » vé ! » et tous : « C'est la Phèdre provençale, pas » moins ! »

Convenez qu'il y avait là de quoi exaspérer les nerfs du critique des *Débats*. Rentré chez lui, il écrivit *ab irato*, pour se venger des pauvres cigales, qu'il découvrait dans la pièce d'Aubanel « une » irréflexion, une étourderie d'improvisateur, un » tragique tout en superficie, un échauffement sans » profondeur, une outrance et comme une gesticulation de Canebière. » « J'y trouvais, moi, pauvre » homme du Centre, plus *d'assent* que d'accent, je » veux dire, plus de Midi que d'humanité, trop de

» poivrons et de fromageons, trop de Mius, de » Nouvels et de Gabrielous. Et je ne sais pas bien » encore, conclut-il méchamment, si la tragédie » d'Aubanel est shakespearienne ou tartarinesque. »

— Qu'il me soit permis d'en appeler de Lemaître mal informé à Lemaître mieux informé. Ses malicieuses épigrammes atteignent peut-être l'adaptation de Paul Arène ; elles passent à coup sûr, du moins plusieurs d'entre elles, et non les moins méchantes, bien au-dessus de la tête d'Aubanel.

Pour ma part, j'ai beau chercher dans la pièce d'Aubanel, j'y trouve bien une vieille servante du nom de *Mian* ; je n'y trouve pas le plus petit *Mius*. De « l'assent », il y en a sans doute et du plus pur *assent* arlésien ; mais il ferait beau voir qu'il n'y en eût pas dans une tragédie écrite en dialecte provençal, et dont les héros sont de simples paysans de la Camargue, des gens de Mas ! — N'en déplaise à M. Lemaître, j'y trouve même de *l'accent*, et un accent profondément humain ! N'est-elle pas d'une touchante mélancolie la plainte de la pauvre Fanette qui sent lui échapper à tout jamais sa jeunesse sans avoir encore connu le bonheur d'aimer ? A dire vrai, je ne vois pas trop comment elle eût pu s'y prendre pour nous intéresser plus vivement à sa peine, pour mieux nous apitoyer sur cette maladie de langueur qui la mine et va bientôt la livrer sans défense aux pires tentations. Et lorsque l'amour a fondu sur elle, lorsque conquise par Véranet, elle veut à son tour le conquérir, imaginez-vous qu'elle pût trouver un biais plus ingénieux, plus délicat, plus pudique, pour déclarer sa tendresse au jeune homme et s'insinuer aussi avant que possible dans son cœur ?

« Vos que la fugue un pau, ta maire iéu ? »

Lisez maintenant la scène II du II$^{me}$ acte, où Fanette vaincue, à bout de forces, laisse échapper devant Véranet, l'aveu de son fatal secret, et dites-moi si jamais on a porté sur la scène une peinture plus saisissante du charme ensorcelant de l'amour. — Et l'âpre volupté du péché qui émousse un moment la pointe du remords, n'est-elle pas rendue avec autant de vérité que de poésie dans le beau passage :

Es negre moun pécat, lou sabe, mai fau segre
Lou dous camin pendent.

— J'éprouve aussi le besoin de réclamer pour Malandran, que Lemaître a par trop noirci et ridiculisé. A l'en croire, il n'y aurait chez le mari de Fanette *rien de vrai, ni d'humain*. Ce serait un ogre, un croquemitaine, une brute emphatique, un Sganarelle empoisonneur et bourreau d'enfants. — Voilà bien des gros mots et qui surprennent quelque peu sous la plume de Lemaître, d'ordinaire plus réservée.

N'est-il pas cependant d'un relief singulièrement énergique ce type de paysan camarguais ? Et qui plus est, n'est-il pas pris sur le vif, dessiné d'après nature ? Sans doute, comme tous les paysans de race, il a sucé avec le lait l'âpre amour de la terre ; sans doute, toutes ses pensées, toutes ses préoccupations sont passionnément tendues vers cette maîtresse adorée qu'il courtise chaque jour, de l'aube à la nuit ; mais cet amour n'a pas étouffé en lui, comme chez les paysans de Zola, tout sentiment humain : au fond du cœur, il porte à sa femme, à la mère de ses enfants, une sérieuse affection, — tendresse sans flamme, sans expansion, sans prévenances, si l'on veut, — tendresse confiante de mari quelque peu endormie par l'habitude où il entre peut-être autant de respect que d'ardeur; mais enfin sentiment vrai, sincère, dont lui-même ne soupçonnera la force et la profondeur que le jour où il le verra trahi et outragé. Il se joint à tout cela je ne sais quel souci jaloux de l'honneur familial, qui ennoblit ce campagnard et le grandit jusqu'aux proportions d'un héros de tragédie.

« Venez donc, vous qui me faites honte, ô bâtards !
» déshonneur de ma maison, de mon antique famille
» où nous ne connaissions que les vertus domes-
» tiques. »

Qu'Aubanel n'ait peut-être pas assez fortement accusé dans les deux premiers actes, ce côté du caractère de Malandran, on peut à la rigueur en convenir. Mais il l'a tout au moins indiqué, et à plusieurs reprises, pour qu'on ne puisse se méprendre sur ses intentions. Fanette elle-même reconnaît que « Malandran est bon. » — « Malandran, m'aime, » dit-elle, mais l'amour de la terre est le plus fort » dans son âme.» Lorsque Malandran parle à Fanette, il est bien vrai que c'est toujours des bêtes de la ferme, de la récolte, des travaux, des soins du ménage; mais même alors, il semble que sa rude voix s'essaye à devenir caressante : il fait plus, il lui arrive de prendre souci de la santé et de la beauté de sa femme, d'avoir pour elle presque des attentions d'amoureux :

« Toi femme, garde la maison; reste à l'ombre,
» car le soleil est chaud, et nous n'avons pas encore

» besoin de ton aide. Mais il viendra le temps de se
» hâler le visage. »

Même après la faute, Fanette rend encore témoignage de la bonté et de l'honnêteté de son mari :

« Je n'ose plus, dit-elle, soutenir son bon et loyal
» regard, car je l'ai couvert d'opprobre. »

Certes, Malandran ne serait pas un vrai paysan s'il desserrait facilement les cordons de la bourse ; et pourtant, au troisième acte, quand il voit que la récolte est belle, quand il entend déjà, en imagination, sonner joyeusement les écus que tout ce beau blé roux va faire tomber dans son coffre, il est tout heureux de pouvoir faire une galanterie à sa femme, il lui offre des dentelles, des bijoux, il rêve même, sans le lui dire, de lui acheter une croix en brillants. Et M. Lemaître s'étonne après cela que cet homme patriarcal, si jaloux du bon renom de sa famille, bondisse sous l'outrage et ne respire plus que la vengeance ! Il ne comprend pas que ce mari odieusement trahi par celui-là même de ses serviteurs qu'il avait en plus grande amitié, indignement trompé par une femme dont il n'avait jamais effleuré la fidélité d'un soupçon, — que ce mari, dis-je, sente tout d'un coup s'éveiller en lui toutes les fureurs de la jalousie. Il trouve étrange que sa douleur s'exaltant presque jusqu'à la démence, ce père en vienne à ne plus voir dans ses enfants que des bâtards, et qu'il goûte une joie sauvage à venger sur eux le crime de leur mère, à leur faire manger de force ce pain de l'adultère qui empoisonne tous ceux qui en goûtent.

Malgré tout, je le reconnais, il y aura toujours quelque chose de pénible dans le spectacle de pauvres petits enfants brutalisés par leur père, en punition de fautes qu'ils n'ont pas commises. Mais cela même qui révolte nos modernes instincts de justice pourrait bien se trouver, en définitive, un dernier trait de vérité. Malandran, ne l'oublions pas n'est pas un paysan de notre temps. Il est évidemment d'une génération encore toute pénétrée du sentiment de la solidarité familiale et du vieux dogme biblique du péché originel. Au moment même, où il s'abandonne en aveugle aux plus furieux transports de la vengeance, il peut donc s'imaginer de bonne foi, qu'il fait simplement œuvre de justicier.

Et puis, le caractère symbolique de cette expiation en atténue singulièrement l'atrocité. Si Malandran croit sérieusement à la vertu homicide du pain de l'adultère, nous, spectateurs, nous savons bien *in petto* que les pauvres enfants n'en mourront pas, pour y avoir touché. C'est pourquoi leur infortune imméritée nous émeut sans toutefois nous révolter ; nous ne sommes pas dupes de la légende au point de ressentir sérieusement l'angoisse d'une catastrophe vraie ; ici, l'esprit est plus fort que la lettre : la transparence du symbole sauve ce que la situation, prise au sérieux, pourrait avoir d'odieux.

Des trois personnages de premier plan, c'est certainement Véranet qui est le plus effacé. Ce sont les figures de Fanette et de Malandran qu'Aubanel a modelées avec le plus d'amour. Si jamais le théâtre provençal parvient à se constituer et à vivre, nul doute que les types de Fanette et de Malandran ne s'emparent de l'imagination populaire avec la même force que les héros et les héroïnes les plus célèbres de la scène française. Je n'oserais prédire même fortune à Véranet. Le poète lui a bien donné je ne sais quel charme vainqueur de force et de beauté juvéniles. Mais il ne nous a pas fait pénétrer assez avant dans cette âme d'adolescent, brusquement lancé au milieu des péripéties d'un drame terrible ; c'est une belle statue d'Éphèbe à laquelle il a oublié d'insuffler une âme. L'analyse d'Aubanel est ici un peu trop à fleur de peau. — Véranet séduit Fanette, il en tombe lui-même amoureux, il vole l'honneur de son maître et de son hôte Malandran ; il enlève sa maîtresse, il provoque au combat le mari outragé avec une absence de remords et une inconscience qu'on a le droit de trouver excessives. — Il ne vit pas assez d'une vie propre : trop passif au début, il est presque trop actif à la fin. — Il en vient à posséder Fanette, sans qu'il nous ait appris comment il est monté au diapason de sa criminelle passion, sans que nous puissions dire au juste quelle est la qualité de cet amour, si c'est caprice des sens, fantaisie d'un moment ou sérieux attachement du cœur.

On nous le donne pour un brave et loyal garçon, chéri de son vieux grand-père dont il est resté le seul appui, estimé de Malandran autant pour sa sagesse que pour sa vaillance au travail, réservé et presque timide auprès des belles Arlésiennes de son âge ; et voilà que sans l'ombre d'un scrupule, il porte le déshonneur dans *le mas* de l'excellent homme qui le traite presque en enfant de la maison. S'il se refuse un moment à Fanette, ce n'est pas précisément chez lui délicatesse de conscience, c'est tout simplement crainte d'être surpris par Malandran.

Avant de fuir avec Fanette, il n'a pas une pensée pour son vieux grand-père qu'il abandonne, pour

Malandran qu'il trahit, pour les enfants de Fanette qu'il va priver de leur mère ; rien ne le trouble, rien ne le fait hésiter. Dans l'hôtellerie de la route de Cette, il a le verbe haut, il est dur pour l'enfant de l'hôtesse qui risque d'attendrir Fanette et de faire passer devant ses yeux la vision de ses propres enfants abandonnés, un moment même il est dur pour Fanette, et peu s'en faut qu'il ne s'oublie devant elle jusqu'à l'ivresse : comment concilier son ingénuité du premier acte avec sa précoce perversité des trois derniers ?

D'une manière générale, on peut reprocher à la psychologie d'Aubanel d'être *simpliste* à l'excès. J'ai déjà observé que c'était un médiocre brasseur d'idées: je crois bien qu'il n'y avait pas davantage en lui l'étoffe d'un analyste subtil et d'un psychologue raffiné. Les personnages ne sont pas assez nuancés : ils sont trop primesautiers, trop d'une pièce. — Mais pour être juste, il ne faut pas oublier que ce sont des paysans encore très près de la nature, très spontanés, peu habitués à s'observer et à s'analyser. Qui sait ? Peut-être bien Aubanel eût-il pu tout comme un autre s'il l'eût voulu, peindre des caractères à double et même triple fond. Mais devait-il, contre toute vraisemblance, à seule fin de nous faire admirer son talent d'analyste, compliquer à plaisir ces âmes naïves ? Là où on serait tenté de voir impuissance de dramaturge, il pourrait bien n'y avoir en fin de compte, que scrupule d'artiste par dessus tout soucieux de la vérité.

Pour se prononcer à ce sujet, il faudrait connaître dans son ensemble l'œuvre dramatique d'Aubanel. Malheureusement, comme je l'ai dit, c'est à peine si, à cette heure, nous avons une idée du *Pâtre* et du *Raubatori*.

Dans son *Éloge d'Aubanel*, devant l'Académie de Marseille, Mistral en a résumé ainsi la donnée :

« Le second drame d'Aubanel a pour titre *Le Pâtre* » et se passe là-haut dans les combes du Ventoux. » C'est un gardeur de brebis, farouche et brut comme » l'antique Polyphème et qui, vivant dans le désert, » seul avec ses bêtes, un jour voit apparaître une » imprudente Galathée, qui vient à la montagne » seulette, cueillir de l'herbe. L'emportement, le rut » de cet être débordé, plus sauvage que son bétail, » et l'horrible tragédie qui s'en suit, font le sujet du » spectacle.

» Le dernier de ces drames a pour nom *Le Rapt :* » Il y est question d'une fiancée, belle comme le jour, » qui, la veille de ses noces, à la foire de Beaucaire, » a été volée par les bohémiens. Ils l'ont menée en » Espagne, ils la veulent forcer de se marier avec l'un » d'eux. La belle dit non et se défend de toutes ses » forces, tant et tant que ses bourreaux lui font jurer » de guerre lasse, que ne se mariant pas avec son » ravisseur, elle n'en épousera jamais d'autre. Mais » voici que son fiancé, un beau matin l'a délivrée ; et, » quand, tout triomphant, il dit : « Viens avec moi » » elle, désespérée et sublime répond qu'elle a juré » sur le Christ de ne pas se marier, et elle se fait » religieuse. »

D'après d'aussi brèves indications, il n'est pas possible de porter un jugement sur ces deux pièces. Le mieux est donc, jusqu'à plus ample informé, de nous en rapporter à l'appréciation de M. Ant. Glaize, qui sans doute, comme Mistral, a pu lire ces deux ouvrages en manuscrit. M. Glaize fait le plus grand éloge du *Pâtre*; « C'est, dit-il, une sorte d'idylle » sauvage, touchante et furieuse à la fois, telle qu'à » ma connaissance, il n'a jamais rien été ébauché de » semblable. »

M. Pamard, n'est pas moins élogieux; d'après lui, « Rien ne saurait donner une idée de cette œuvre, » qui va de l'idylle la plus gracieuse au drame le plus » poignant : il y a là une sorte de débordement » d'énergie entraînante, qui donne des effets » saisissants. »

Quant au *Rapt*, s'il faut l'en croire, ce ne serait que *Le Pâtre* revu, corrigé et amoindri.

En attendant la publication, prochaine, espérons-le, de ces deux ouvrages dramatiques, force nous est de les admirer de confiance, sur la parole des rares amis d'Aubanel qui ont eu la bonne fortune de les lire.

Remarquons seulement que *Le Pâtre* et *Le Rapt* témoignent encore clairement, chez Aubanel de l'ambition de fonder un théâtre provençal; — que l'action du *Pâtre* se déroule encore en pleine nature provençale; que les principaux personnages de ces deux drames sont encore de petites gens, des hommes ou des femmes du peuple; — circonstances, qui font une loi à Aubanel de ne nous peindre que des âmes neuves, en quelque sorte encore mal dégrossies, secouées de violentes passions très simples et par cela même très générales, dont la peinture exige une touche large, vigoureuse, mais en somme une psychologie rudimentaire.

Si le premier mérite d'un écrivain est de savoir choisir des sujets en rapport avec la nature de son talent, il faut convenir qu'Aubanel eût la main heureuse.

Encore quelques mots, et j'ai fini.

A propos de *la Vénus d'Arles, de la Vénus d'Avignon, du Bal, du Pain du Péché,* on a beaucoup parlé du naturalisme d'Aubanel. Selon toute probabilité, on en parlera bien plus encore, si jamais on publie *le Pâtre.* — M. Albert Savine, par exemple, voit dans *Le Pain du Péché* « un gage donné par » lui au naturalisme, non pas qu'au fond ni le maître, » ni le drame, sacrifient à toutes les théories de » l'Ecole, mais, parce qu'en fait, le grand artiste » moderniste qu'est Théodore Aubanel, se rapproche » au théâtre beaucoup plus de Becque que de Sardou, » de Zola que de Dumas fils. » — La question mériterait, à coup sûr, d'être étudiée de près. Mais, comme pour être résolue, il faudrait d'abord s'entendre, ce qui n'est pas chose facile, sur l'essence vraie du naturalisme, je m'en tiendrai à quelques brèves indications.

Naturalisme, comme Romantisme, comme Classicisme, est un de ces mots complaisants qui se prêtent à tout ce qu'on veut leur faire dire. Si Naturalisme signifie seulement amour passionné de la nature et de la vérité, sens de la vie, observation attentive et notation précise du réel, souci de la couleur locale, du détail significatif et des particularités individuelles, Aubanel fut un naturaliste. Mais si Naturalisme implique encore (et, à mon avis, c'est surtout ce qu'il veut dire,) une certaine conception panthéistique ou matérialiste de l'univers, liée à une théorie pessimiste de la vie, s'il veut dire prédominance dans l'homme de la bête sur l'esprit, des sens sur la raison, négation de la volonté, de l'âme, de Dieu, de la vie future ; s'il suppose le parti-pris de ne voir dans la nature et dans la société que les difformités physiques et morales, que les petitesses, les platitudes, les vulgarités ou les monstruosités, Aubanel ne fut rien moins que naturaliste. Et par son éducation, et par sa profession, et par son tour d'esprit, et par son caractère, il ne répugnait pas moins aux théories philosophiques qu'aux idées esthétiques de Zola. Il ne faut pas que certaines crûdités d'expression, qu'une certaine chaleur de tempérament fassent illusion à cet égard. Au fond, Aubanel était profondément idéaliste et optimiste. Toute son œuvre n'est qu'un hymne ardent à la Beauté souveraine, dont l'œil humain n'aperçoit ici-bas que de pâles reflets. Si l'on met à part ses douleurs d'homme privé, ses souffrances d'artiste viennent toutes de cet insatiable désir de l'infinie Beauté qu'aucune forme corporelle ne saurait exprimer parfaitement.

En dépit de certaines pages désolées de la Miougrano, d'une amertume vraiment navrante, on peut dire aussi qu'il était foncièrement optimiste. — Sa foi catholique très sincère lui faisait un devoir de croire en Dieu, c'est-à-dire au Bien. Il était fermement convaincu que le Bien dans le monde l'emporte sur le mal, et que tout va au bien. Ce sentiment joyeux de la vie, respire même dans plusieurs pièces de la *Miougrano* et en particulier dans ses admirables *Jumeaux*. Mais il éclate surtout dans un grand nombre de pièces des *Filles d'Avignon* qu'il serait trop long de citer. Quelques peintures légèrement sensuelles et troublantes, quelques mots d'une verdeur naturaliste n'autorisent pas à ranger Aubanel parmi les disciples de Zola. Aubanel n'aurait pas admis qu'on fût naturaliste à si bon compte, et, si j'en crois l'anecdote suivante, Zola ne supporte pas davantage que la grossièreté du langage passe pour un brevet de naturalisme.

« Je suis un homme de paix, disait un jour Zola, » mais il me prend des besoins farouches d'étrangler » les gens qui disent devant moi : Ah ! oui, le natura- » lisme, les mots crus! »

Pour être dans le vrai, il faut appliquer à Aubanel ce jugement de M. Melchior de Vogüé sur Tourguéneff: « Son talent est dans *la proportion exquise » entre le réel et l'idéal;* chaque détail reste réel, » dans la moyenne humaine, et l'ensemble baigne » dans l'idéal. »

Avignon. — Imprimerie AUBANEL frères.

www.ingramcontent.com/pod-product-compliance
Ingram Content Group UK Ltd.
Pitfield, Milton Keynes, MK11 3LW, UK
UKHW021004180726
13838UKWH00003B/1447